예 루 살 렘 의   역 사

ⓒ Les Arènes, Paris, 2022
"This edition is published by arrangement with Editions Les Arènes in conjunction with
its duly appointed agents Books And More Agency #BAM, Paris, France. All rights reserved."

Translation copyright ⓒ 2023 Booksea Publishing Co.

이 책의 한국어판 저작권은 BAM을 통해 Les Arènes과 독점 계약한 도서출판 서해문집에 있습니다.
저작권법에 의하여 한국 내에서 보호를 받는 저작물이므로 무단 전재와 복제를 금합니다.

예루살렘의 역사
인류 절반의 영적 수도, 예루살렘을 거쳐 간 4000년 세계사

초판 1쇄 발행 2023년 10월 30일
초판 2쇄 발행 2024년 1월 20일

지은이	뱅상 르미르
그린이	크리스토프 고티에
옮긴이	장한라
펴낸이	이영선
책임편집	김선정
편집	이일규 김선정 김문정 김종훈 이민재 김영아 이현정
디자인	김회량 위수연
독자본부	김일신 정혜영 김연수 김민수 박정래 손미경 김동욱

펴낸곳 서해문집 | 출판등록 1989년 3월 16일(제406-2005-000047호)
주소 경기도 파주시 광인사길 217(파주출판도시)
전화 (031)955-7470 | 팩스 (031)955-7469
홈페이지 www.booksea.co.kr | 이메일 shmj21@hanmail.net

ISBN 979-11-92988-33-7 07900

예루살렘의 역사

인류 절반의 영적 수도,
예루살렘을 거쳐 간 4000년 세계사

글·각본 **뱅상 르미르**
그림 **크리스토프 고티에**
채색 **마리 갈로팽**
옮긴이 **장한라**

서해문집

차례

오늘날의 예루살렘 ✦ 6

I. 태초에 성전聖殿이 있었나니 ✦ 13
기원전 2000년 ➤ 기원전 586년

II. 제국의 그늘 아래 ✦ 33
기원전 586년 ➤ 기원후 312년

III. 기독교 예루살렘의 탄생 ✦ 57
312 ➤ 614년

IV. 알-쿠드스, 이슬람의 성도 ✦ 81
614 ➤ 1095년

V. 십자군의 세기 ✦ 105
1095 ➤ 1187년

VI. 살라딘의 유산, 맘루크의 발자취 ✦ 127
1187 ➤ 1516년

VII. 오스만 왕조의 평화 ✦ 151
1516 ➤ 1799년

VIII. 성도의 재발명 ✦ 175
1799 ➤ 1897년

IX. 시온의 꿈 ✦ 201
1897 ➤ 1947년

X. 불가능한 수도 ✦ 225
1947년 ➤

연대표 ✦ 252
자료와 참고문헌 ✦ 254
감사의 말 ✦ 256

오늘날의 예루살렘

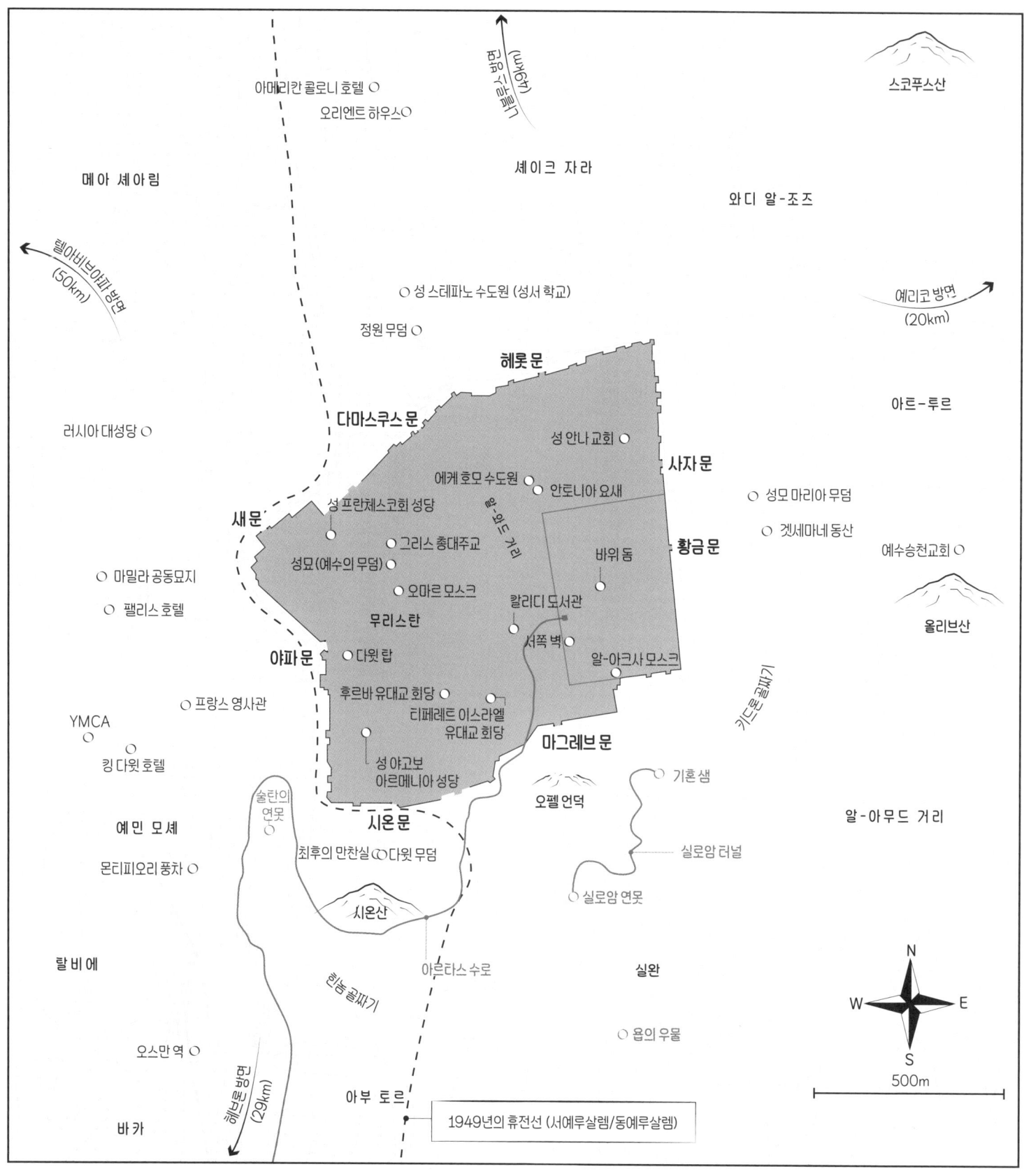

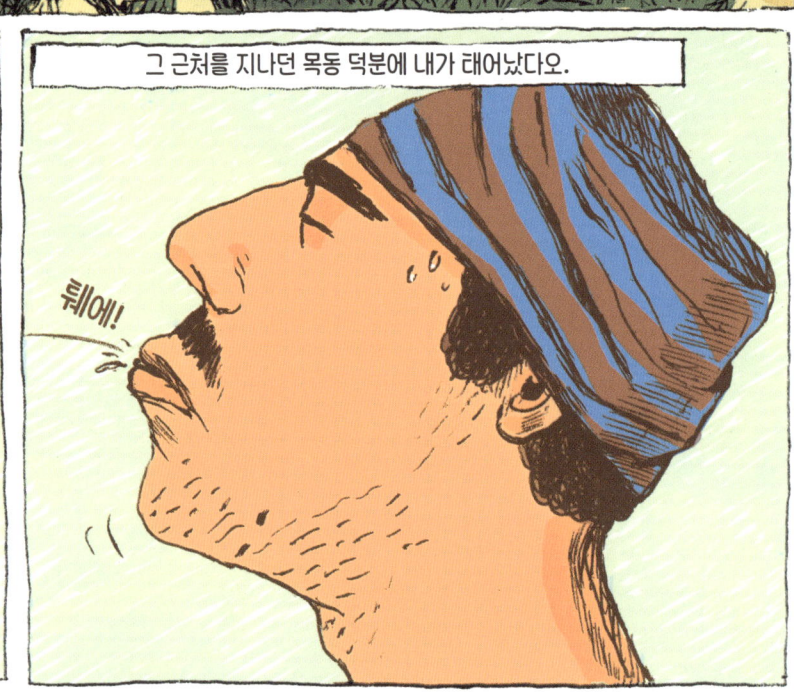

CHAPTER I

태초에
성전聖殿이 있었나니
기원전 2000년 ➤ 기원전 586년

예루살렘은 교역이 일어나는 경로와는 늘 동떨어져 있었소. 지도만 봐도, 혹은 나의 벗들인 새들에게 물어보기만 해도 족히 알 수 있는 일이라네.

상인들은 좀 더 남쪽에 있는 네게브 사막을 지나서 시나이반도를 거쳐 아라비아반도와 이집트에서 교역을 했다. 또 다른 교역로는 훨씬 동쪽을 지나갔다. 아나톨리아와 홍해 사이에 있는 요르단 골짜기를 지난다.

지중해 / 예루살렘 / 네게브 사막 / 시나이반도 / 이집트 / 홍해

아니면 서쪽 연안 지대에 있는 평원을 지났다.

사실 예루살렘은 접근하기가 꽤 어려운 도시라 우연히 지나칠 일은 없다.

이 울퉁불퉁한 지형을 굽어보는 건 바로 세 개의 언덕이었다.

북쪽에는 올리브산이 있다. 유일신 전통에 따르면 바로 이 언덕에서 최후의 심판이 벌어질 것이라 했다.

"심판의 날"

가운데에는 오펠 언덕이 있다. 성서가 생겨나기 전에도 이미 성소로 여겨지던 아크로폴리스였다. 오늘날에는 성전산 또는 '하람 알-샤리프'라고 부른다.

서쪽에는 시온 언덕이 있다. 이 언덕은 어떤 때는 성벽 안쪽에 들어왔고, 어떤 때는 성벽 바깥쪽으로 밀려났다. 마치 오늘날처럼 말이다. 시온주의라는 명칭은 여기서 따왔다.

깊은 골짜기 세 개가 이 세 언덕을 가르고 있다.

동쪽에 있는 키드론 골짜기는 도시와 올리브산 사이를 가르고, 여기에 기혼 샘이 있다. 이 골짜기는 죽은 자들과 묘지의 세계다. 종말론적인 이야기가 넘쳐흐른다.

가운데에 있는 티로포에온 골짜기는 그보다 얕은 편이며, 성벽 안의 도시를 둘로 나눈다.

지금의 알-와드 거리 이름이 이 골짜기에서 유래했다. 아랍어로 골짜기라는 뜻이기 때문이다.

서쪽에 있는 힌놈 골짜기는 아주 험하게 깎아지른 곳이다. 실완 마을 아래쪽, 욥의 우물*이 있는 곳에서 다른 두 골짜기와 만난다. 중세 시대에는 여기에 커다란 못을 파서 가축에게 물을 주었는데, '술탄의 연못'이라고 불렸다. 오늘날에는 야외 콘서트장으로 쓰고 있다.

* 성경에서 욥이 고난을 받은 뒤 물을 마시고 치료받은 우물이라 알려져 있다. -옮긴이

농부 한 사람이 올리브산 꼭대기에 있는 나무에 물을 주려고 욥의 우물에서 물을 긷는다고 상상해보라. 고도 200미터를 올라가야 한다. 거리로 치면 거의 1킬로미터다! 이렇게 하다가는 농사로 출세하는 건 꿈도 못 꿀 거다!

거의 어디에나 석회암이 드러나 있었고 토양은 빈약했다. 폭풍우가 오기만 하면 흙이 비탈을 굴러 내려와서, 돌로 단을 쌓아 흙을 붙들어야 했다. 사람들은 몇 천 년 동안 끈질기게 단을 쌓고 또 쌓았다.

이 바위에는 구멍과 동굴이 잔뜩 뚫려 있다. 예루살렘에 살던 사람들이 채석장으로 활용하고 나서 공동묘지로, 성소로, 저수조로 쭉 사용했던 것들이다.

진정한 그뤼예르산*이다!

내 뿌리는 지상의 도시만큼이나 지하의 도시도 중요하다는 걸 잘 안다오. 여기에 시체, 유물, 전통, 그리고 마실 물을 잘 간직하고 있으니 말이오.

완벽한 그림을 완성할 수 있도록 마지막으로 한 가지 덧붙인다면, 예루살렘은 동아프리카 지구대 위에 자리 잡고 있다. 이 지구대가 아프리카, 아라비아, 유라시아의 지각 판을 가른다. 그리고 도시 동쪽에는 지구에서 가장 낮은 요르단 열곡(裂谷)이 있다. 그래서 지진이 자주 일어나 도시를 파괴하고 사람들을 죽음으로 내몬다.

* 유럽에서 가장 오래된 치즈 중 하나인 스위스의 그뤼예르 치즈에 빗댄 표현. -옮긴이

이 모든 걸 생각해보면 예루살렘이 오랫동안 별 볼 일 없는 마을로 여겨졌던 것도 놀랄 일은 아니다.

성서 시대에 접어들기 전에는 다른 가나안 지역 도시들과 비슷한 전형적인 청동기 도시였다.

기원전 1900년경, 오펠 언덕을 벽으로 둘러싸고 기혼 샘을 보강하는 공사가 있었다.

내가 있는 자리는 꼭 전망대 같아서 이 엄청난 공사가 벌어지는 게 훤히 보였다. 이 성벽은 영국 고고학자 찰스 워런이 19세기 말이 되어서야 발견했다.

그렇지만 이 시기 예루살렘의 진짜 이야기를 알아보려면, 이집트 나일 골짜기에 있는 내 사촌 종려나무들에게 물어보는 게 나을지도 모른다. 당시 예루살렘은 파라오 왕국의 품 안에 있었으니 말이다!

이집트에서 발견된 기원전 1800년의 작은 조각상을 보면, 루샬리뭄이라는 도시 얘기를 하지 않을 수 없다.

오늘날 알려진 것 가운데 가장 오래된 예루살렘에 관한 기록이다.

* 〈사무엘상〉.

* 〈열왕기상〉, 8장.

물론 솔로몬 왕의 건축가들이 무에서 유를 창조한 것은 아니다. 고고학자들이 오펠 언덕에서 발견한 '기반 구조'는 이를테면 오래전 가나안의 토대 건축 양식과 일치한다.

아무튼 저지대에 있는 도시가 처음으로 아크로폴리스와 연결된 것이다.

성서에 따르면 성전에는 입구, 성소, 그리고 가운데에는 언약궤가 있는 지성소가 있다.

2012년에 고고학자들이 서쪽으로 몇 킬로미터 떨어진 곳에서 발견한 모차 성전 같은 주변 몇몇 성전에서는 다신교적 종교 활동을 이어갔지만

유일신 종교가 예루살렘에 집중된 건 중대한 전환점이다. 성전을 절대시하고, 모독하고, 복구하고, 복제하고, 파괴하고, 재건하는 일이 이 도시의 역사에서 주축이 되어갈 터였다.

기원전 8세기, 예루살렘은 히즈키야 왕의 통치 아래 놀라운 전성기를 맞이했습니다. 히즈키야는 여러 문헌이 뒷받침하는 역사적인 인물이죠.

그래, 기억나는구려! 그 무렵 예루살렘은 국제적이고 번성하는 도시였소. 서쪽으로는 지금의 야파 문까지 뻗어 있었고, 처음으로 시온 언덕까지 아울렀소.

페니키아 상인들이 많이 보였다. 이들은 상아나 은으로 만든 세련된 물품들을 교양 있는 도시 지도층에게 팔았다.

10세켈입니다!

지중해 곳곳에서 들여온 생선을 먹었다. 고고학자들은 이 시기 것으로 추정되는 생선 뼈들을 수도 없이 발견했다.

2015년 고고학자들은 진흙에 남은 인장 자국도 찾았다. 거기엔 "아하스의 아들이자 유다의 왕, 히즈키야"라고 쓰여 있었다. 히브리 성경에 등장하는 왕이 예루살렘에서 발견한 고고학적 유물에 나타난 건 이게 처음이었다.

또 이 인장은 공식적으로는 유일신교였던 유다 왕국 안에 실제로는 다신교가 남아 있었다는 걸 증명한다.

파라오의 수호신, 날개 달린 태양(레)

손잡이가 달린 십자가로 이뤄진 이집트 부적(앙크)

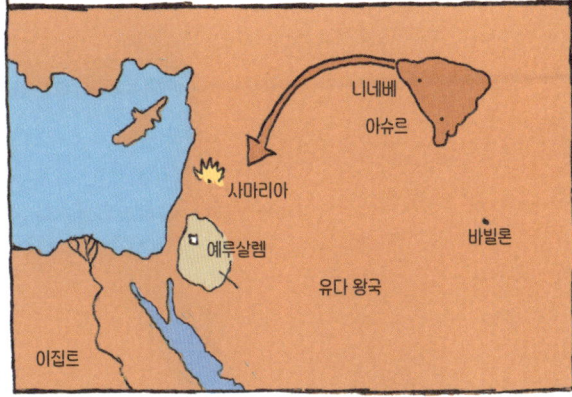

* 〈이사야〉.

기원전 586년, 바빌로니아 제국의 제2대 왕인 네부카드네자르*가 예루살렘을 점령했다. 도시는 약탈당하고 불탔으며, 신전과 성벽은 파괴되었다. 도시의 지도층은 바빌론으로 추방되었다.

망명을 간 유대인들은 유대교를 만들었다. 자신들의 정체성을 지키기 위해 성서의 첫 구절을 글로 남겼다.

몇몇 시편은 예루살렘의 함락, 망명의 괴로움, 돌아가고픈 소망을 담고 있다.

바빌론 강가에 우리는 앉아 시온을 생각하며 눈물을 흘리네

예루살렘이 사로잡히던 날, 사람들은 예루살렘을 온통 밀어버리겠노라 소리쳤네

내 오른손이 말라 비틀어지고 혀가 입천장으로 미끄러지든, 예루살렘이여 내가 너를 잊으랴

학살이 벌어졌던 기억을 아직도 떨칠 수가 없소…

하지만 역설적이게도, 성전이 파괴된 뒤 예루살렘이 유대교 문화에서 차지하는 위상은 더욱 높아졌소.

* 한역 성경에서는 대개 '느부갓네살'이라고 표기된다. -옮긴이

CHAPTER II

제국의 그늘 아래
기원전 586년 ➤ 기원후 312년

* 〈에스라〉, 1장.
** '키루스의 원통'에 새겨진 포고문.
*** 〈에스라〉, 1장.

* 〈집회서〉, 50장.

* 바빌로니아 탈무드, 안식일 21-b.
** 히브리 달력의 아홉 번째 달인 키슬레브 25일부터 8일 동안 이어지는 유대교 명절. -옮긴이

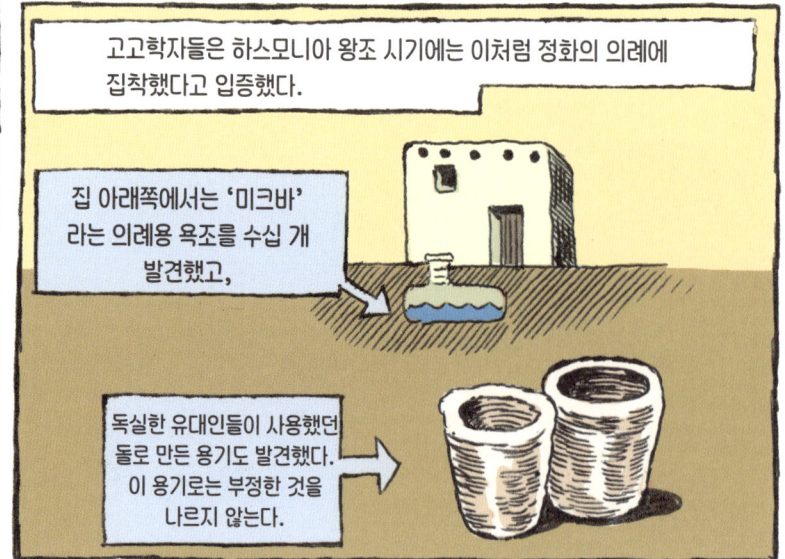

* 아리스타이오스가 필로크라트에게 보낸 편지.
** '사해 문서', 신전의 두루마리.
*** 아리스타이오스가 필로크라트에게 보낸 편지.

마지막으로, 하스모니아 왕조 시기의 예루살렘은 모순이 가득한 혼성적인 도시였다.

한편으로는 히브리식 성서가 정착하면서 선조들의 유대교 전통이 체계적으로 자리 잡았지만…

…그리스식으로 변형을 거쳤다. 뒤이어 문화가 그리스화된 것을 보면 말이다.

도시 동쪽에서는 신전을 키우고 꾸몄다. 해마다 순례자들이 수천 명씩 모여들었다.

서쪽에서는 시온산 높은 곳에다 호화로운 그리스식 별장을 지었다.

'유대교'라는 말은 이 시기에 등장했다. 엄격한 종교적 규율을 정하고 그리스 전통과 구분하려는 심산이었다.

하지만 그와 동시에 기원전 104년, 유대의 왕 아리스토불로스 1세는 필헬렌('그리스인의 친구')이라는 별명을 만들고 바실리우스라는 그리스식 칭호를 썼다.

종교적 금기에 따라 하스모니아 시기 화폐에서는 인간과 동물 형상이 사라졌지만…

…그 대신 전형적인 그리스식 모티프로 화폐를 장식했다. 제우스와 아폴론의 상징인 셀레우코스식 닻과 올리브 나무로 말이다.

이렇게 모순적인 과정이 예루살렘 도시의 사회 한복판에 공존했다. 이렇듯 하스모니아 왕조는 다양한 영향을 받으며 나아갔지만 후계자들은 이를 끊어버렸다.

하스모니아 왕국은 남쪽의 이집트와 동쪽의 셀레우코스의 위협에는 맞섰지만, 서쪽에서는 로마의 힘이 계속 커지고 있었다.

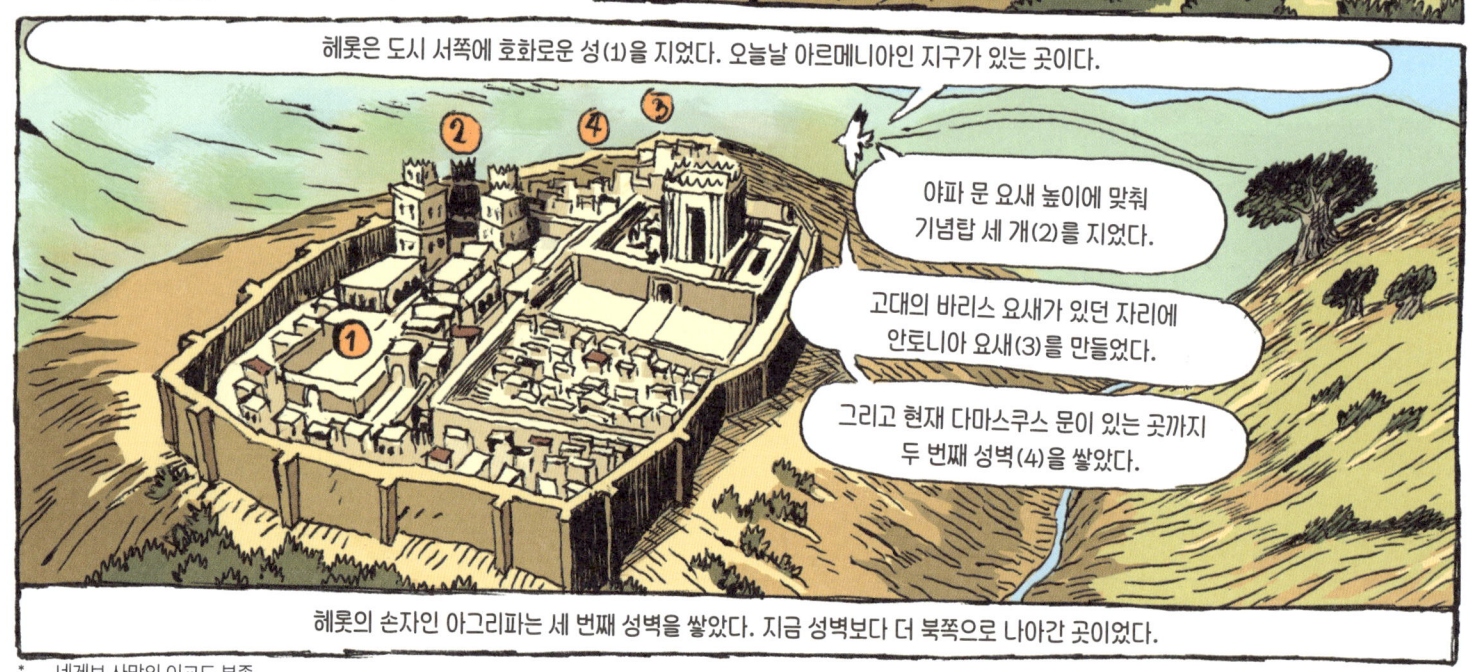

* 네게브 사막의 이교도 부족.

* 대(大)플리니우스, 《박물지》, 5권.
** 플라비우스 요세푸스, 《유대 고대사》, 15권.
*** 플라비우스 요세푸스, 《유대 전쟁사》, 1권.

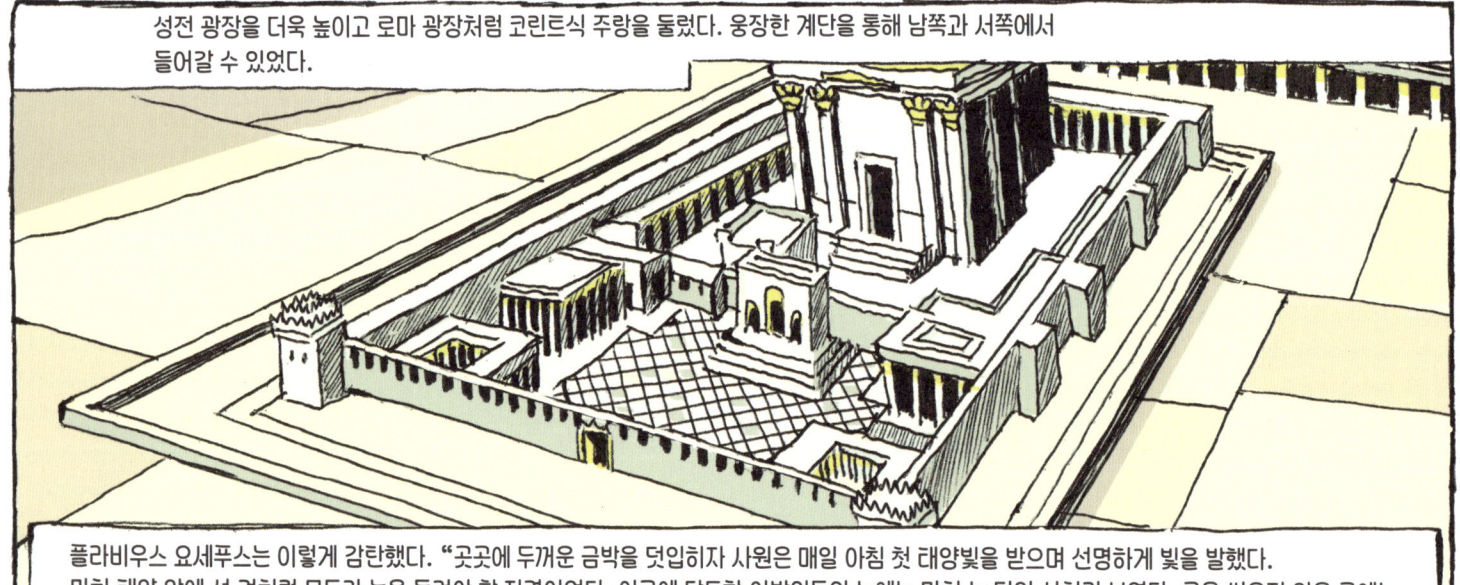

* 플라비우스 요세푸스, 《유대 고대사》, 15권.
** 플라비우스 요세푸스, 《유대 전쟁사》, 5권.

* 이스라엘 민족이 이집트에서 탈출한 일을 기념하는 유대교 명절. -옮긴이
** 부활절 후 50일째 되는 날로, 성령 강림을 기념하는 날. -옮긴이
*** 이집트를 탈출한 이스라엘 민족이 40년 동안 광야에서 장막 생활을 한 것을 기념하는 유대교 명절. -옮긴이

* 플라비우스 요세푸스, 《유대 고대사》, 17권.
** 한역 성경에서는 대개 '빌라도'라고 표기된다. -옮긴이
*** 〈마태복음〉, 3장.

* 〈마가복음〉, 13장.
** 〈마태복음〉, 21장.
*** 〈마태복음〉, 26장.

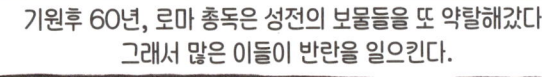

* 플라비우스 요세푸스, 《유대 전쟁사》, 6권.

* 암미아누스 마르켈리누스, 《로마사》, 22권.
** 현재의 다마스쿠스 문.
*** 로마 시대 도시의 북쪽과 남쪽을 잇는 대로. ―옮긴이
**** 2017년에 발견되었다.

* 지금의 무리스탄 구역. (*'무리스탄'은 페르시아어로 '병원'이란 뜻으로, 예부터 이곳에는 시장과 상점이 발달했다. -옮긴이)
** 지금의 다윗 거리. (*로마 시대에 도시의 남북을 잇는 '카르도'와 반대로 동서를 잇는 대로를 '데쿠마누스'라 한다. -옮긴이)
*** 지금의 아르메니아인 지구.
**** 고대 이집트의 프톨레마이오스 왕조에 의해 창시된 국가 신. 오시리스와 아피스를 결합한 혼성 신이다. -옮긴이

CHAPTER III

기독교 예루살렘의 탄생
312 ➤ 614년

* 에우세비우스, 《콘스탄티누스 대제의 생애》, 1권.
** 에우세비우스, 《교회의 역사》, 10권.

* 에우세비우스, 《콘스탄티누스 대제의 생애》, 3권.
** 소조메누스, 《교회의 역사》, 2권.

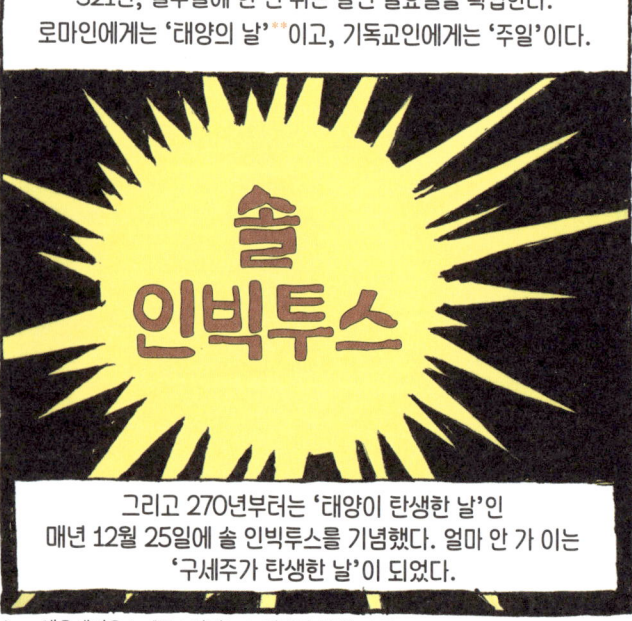

* 그리스어로 '올리브밭'이라는 뜻.
** 세례 요한의 아버지. -옮긴이
*** 보르도의 순례자, 《보르도인의 순례기》.

* 에우세비우스, 《교회의 역사》, 4권.
** 보르도의 순례자, 《보르도인의 순례기》.

* 에게리아, 《순례기》.
** 모리스 알박스, 《복음서의 성지에 관한 전설의 지형학》(1941).

* 소조메누스, 《교회의 역사》, 5권.
** 암미아누스 마르켈리누스, 《로마사》, 23권.

* 아타나시우스, 《예루살렘에 기도를 하러 온 동정녀들에게 보내는 편지》.
** 니사의 그레고리우스, 《예루살렘 순례에 관한 편지》.

* 성 히에로니무스, 108번 편지.

* 시리아인 바르사우마의 생애.

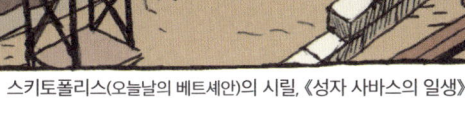

* 돌이나 벽돌 또는 콘크리트의 아치로 둥그스름하게 만든 천장. -옮긴이
** 프로코피우스, 《유스티니아누스의 건축물》, 5권.

570년 무렵, 플레장스에서 온 순례자 하나가 성자 사바스의 간청이 모두 이뤄졌음을 증언했다.

"이곳에는 아주 큰 수도회가 있군."

"그리고 남자와 여자를 구분해 받는 무료 숙소가 있어서 순례객들을 전부 받을 수가 있네. 침대도 셀 수 없이 많고 말이야."

"아픈 이들을 위한 침상도 3천 개나 있어!"

성묘에서는 점점 늘어나는 신도들의 요구에 부응하기 위해 순례와 관련된 재정을 제대로 운영하기 시작했다.

"돌아가는 이들은 성지의 흙을 집으로 가져갈 수 있구나. 마치 축복을 받듯이 말이야."

사도 대성당에는 성 유물이 넘쳐나서 순례자들이 일일이 찾아보기 힘들 정도였다.

"여기는 놀라운 것들이 셀 수 없이 많군…"

예수님을 찌른 창

야곱의 돌베개

가시 면류관

주님께서 채찍질을 당한 기둥. 대리석에 두 손자국이 남아 있다!

스데반이 맞았던 돌멩이들

베드로가 못 박혔던 십자가가 매달려 있던 기둥

"거기다 기억조차 안 나는, 기적을 일으킨 물건들이 아주 많아!*"

사도의 성배

그리하여 6세기 말, 예루살렘의 기독교화는 성공을 거두었다. 하지만 한편으로 비잔티움 제국은 온갖 곳에서 위협을 받고 있었다. 동쪽에서는 페르시아 제국이, 또 남쪽에서는 아직 종교로 발전하지 않은 새로운 예언이 위협해왔다.

* 《플레장스에서 온 순례자의 여정》.

CHAPTER IV

알-쿠드스, 이슬람의 성도
614 ➤ 1095년

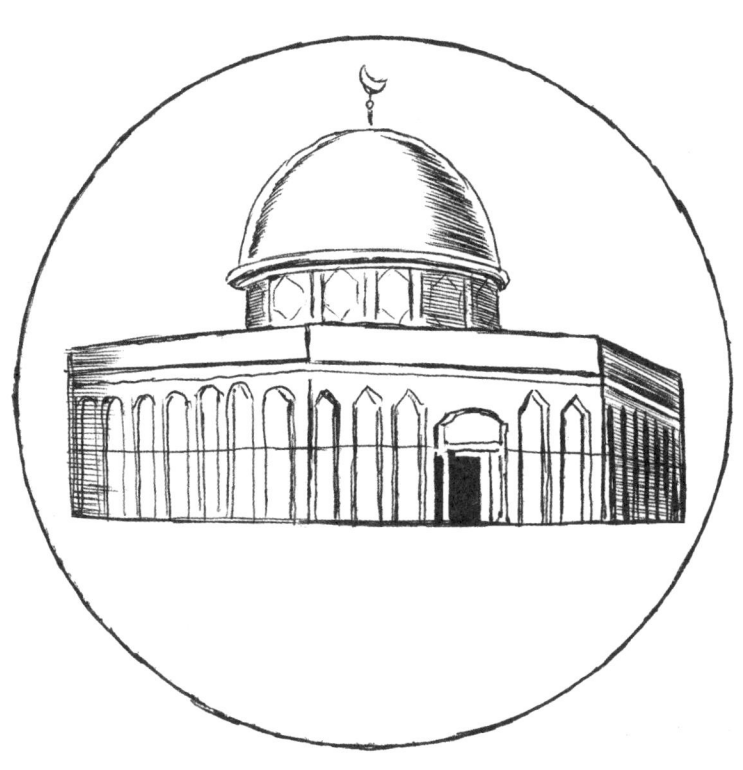

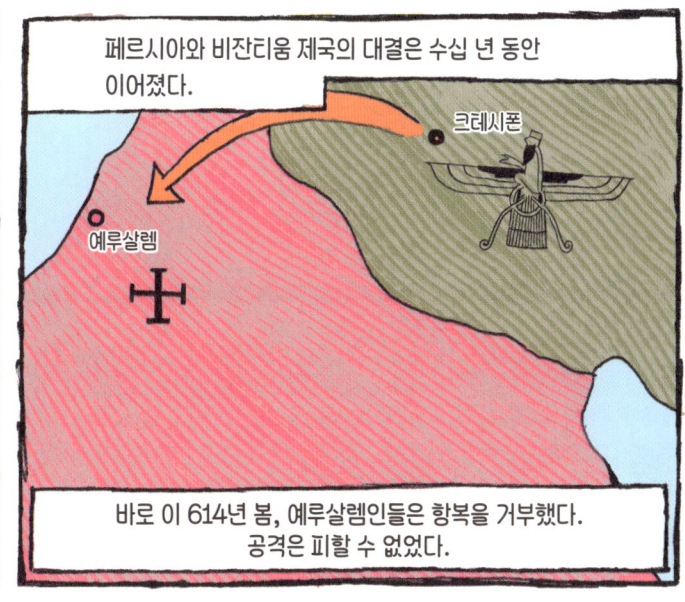

* 페르시아 왕의 칭호. -옮긴이
** 예언자 조로아스터의 가르침에 기반을 두며, 유일신 아후라 마즈다를 믿는 고대 페르시아 종교. -옮긴이

* 안티오코스 스트라테고스, 《페르시아인의 예루살렘 점령》.
** 에일라트 마자르, 《예루살렘 성전산 발굴》(2017).

* 세베오스, 《헤라클리우스 왕조의 역사》, 30장.

* 메카에 있는 이슬람교 성전. 본래 '정방형의 건물'이라는 뜻으로, 전 세계 무슬림들은 이쪽을 향해 예배를 드린다. —옮긴이
** 알-타바리, 《선지자와 왕의 역사》, 1권.

* 세베오스, 《헤라클리우스 왕조의 역사》, 31장.
** '신은 위대하다'라는 뜻. -옮긴이
*** '주님을 축복하소서'라는 뜻. -옮긴이

* 아르쿨프, 《성지》, 1권.

* 알-타바리, 《주해서》.

* 알-야쿠비, 《세계의 역사》.

* 알-마크디시, 《지역(시리아와 팔레스타인) 지식에 대한 최고의 분석》.
** 622년에 무함마드가 메카의 지배층의 박해를 피해 일부 신도들과 함께 메디나로 이주한 일. 이슬람력의 원년이다. -옮긴이

* 모든 무슬림들의 예배 방향(메카 쪽)을 가리키는, 사원 벽면에 움푹 들어간 부분. -옮긴이

* 나시르 호스로, 《여행서》.
** 중앙아시아에서 셀주크라는 이름의 족장이 이끈 튀르크계 유목 민족. 1037년에 셀주크 왕조를 세워 페르시아어로 된 독자적인 문화를 발전시켰으나 13세기 초에 멸망했다. -옮긴이

CHAPTER V

십자군의 세기
1095 ➤ 1187년

* 로베르 수도사, 《예루살렘의 역사》, 1권.

* 〈시편〉 122.

* 〈시편〉 122.
** 티레의 기욤, 《십자군의 역사》, 8권.

* 티레의 기욤, 《십자군의 역사》, 8권.

* 아민 말루프, 《아랍인의 눈으로 본 십자군 전쟁》(1983)에서 인용.

* "알라 외에 다른 신은 없다."

* 샤르트르의 풀크, 《십자군의 역사》, 57장.

* 티레의 기욤, 《십자군의 역사》, 2권.

12세기 중반, 예루살렘의 원형 지도는 점점 덩치를 키워갔다. 공통의 원형에서 출발해 서로가 서로를 복제했다. 모두 한결같이 동쪽을 향했다. 이런 지도들은 성도를 마치 완벽한 원처럼 표현했다. '세계의 배꼽'에 걸맞은 이상적인 도시로 말이다. 보두앵 2세(재위 1118~1131년), 멜리장드 여왕(재위 1131~1143년), 보두앵 3세(재위 1143~1162년)의 수많은 업적도 함께 담겨 있었다.

몇 세기 만에 새로운 기독교식 지형도가 예루살렘에 자리를 잡은 것이다.

처음으로 성묘가 수난과 관련된 다른 장소들과 한데 모이게 되었다. 십자가형(골고다)부터 무덤에 들기까지, 그리고 부활(아나스타시스)에 이르기까지 말이다. 예루살렘의 라틴 출신 왕들은 이곳에 묻혔다.

이곳에서 가장 중요한 제단은 1149년 7월 15일에 낙성식을 했다. 정복이 벌어지고 딱 5년 만이었다.

한때 (시온산에서 시작해) 남쪽과 북쪽으로 나 있던 비아 돌로로사는 이제 동쪽과 서쪽을 잇는 길이 되었다(안토니아 요새에서 시작해서 말이오).

성 요한 구호기사단은 도시 한가운데에 1.5헥타르를 차지하고 있었다(지금의 무리스탄 지역). 이곳에는 아픈 순례자들을 2천 명까지 받을 수가 있었다.

성전기사단은 과거 알-아크사 모스크 지하에 말을 두었다.

'주님의 성전'이라 새로 이름 붙인 바위 돔 꼭대기에는 기념비적인 십자가가 자리를 잡았다.

지칠 줄 모르는 건설자였던 멜리장드 여왕은 십자군 시기 예루살렘의 도시 공간에 깊숙이 자취를 남겼다. 1161년에 여왕이 죽자, 여왕이 생전에 복원해두었던 성모승천교회에 안장했다.

* 현재의 다마스쿠스 문.
** 현재의 알-와드 거리.

* 에르눌, 《연대기》.

* 우사마 이븐 문키드, 《자서전》.

* 예수의 죽음을 기념하는 성 금요일의 바로 다음날. -옮긴이
** 알-하라위, 《성지 순례 장소 안내》.

* 투델라의 베냐민, 《여행의 관계》, 9장.
** 레겐스부르크의 페타치아, 《세계 일주》, "예루살렘 여정".

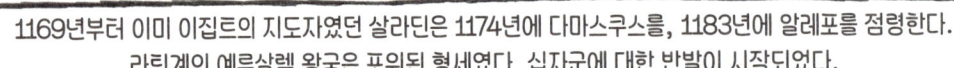

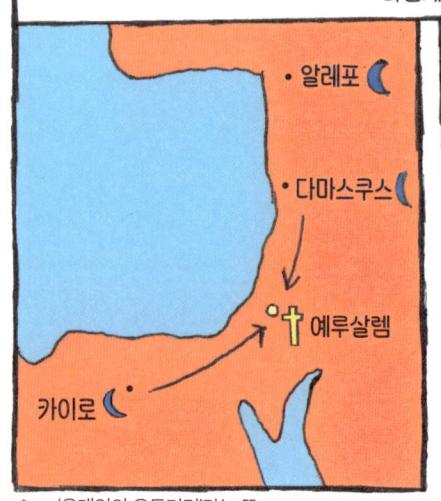

* '유대인의 우두머리'라는 뜻.
** 아부 샤마, 《두 정원에 관한 책》, 2권.

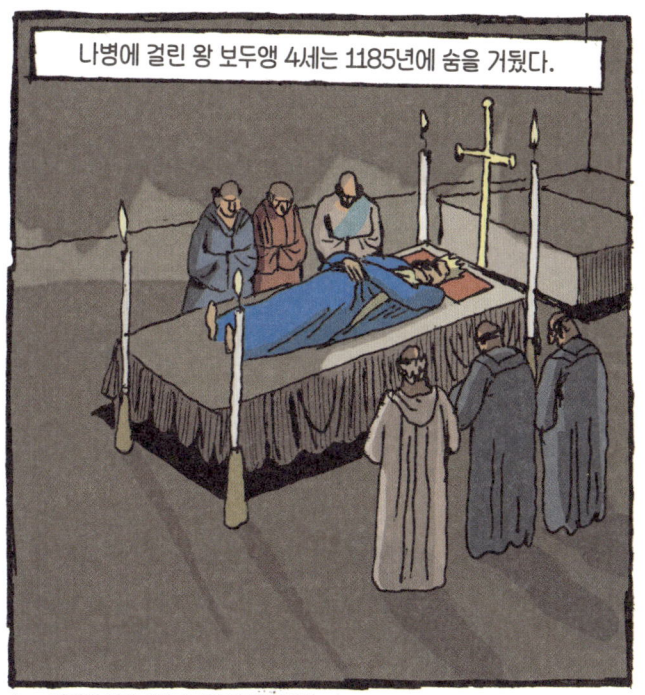

* 티레의 기욤, 《십자군의 역사》, 23권.

CHAPTER VI

살라딘의 유산, 맘루크의 발자취

1187 ➤ 1516년

* 아랍어로 '종교의 선함'이라는 뜻. -옮긴이

* 이마드 알-딘 알-이스파하니, 《시리아와 팔레스타인 정복》.

* 아랍어로 '(기도하는) 방향'이라는 뜻.

* 이븐 알-아티르, 《완전한 역사》, 2권.

* 이슬람교의 신비주의 종파. -옮긴이
** 이븐 샤다드, 《살라딘의 일생》.

* 아랍어로 '지식을 가진 사람들'이란 뜻으로, 이슬람 사회에서 존경받는 신학자와 법학자의 총칭. -옮긴이
** 리비아, 튀니지, 알제리, 모로코 등 아프리카 북서부 일대의 총칭. -옮긴이
*** 아프달리야 마드라사.

* 예후다 알-하지리, 《지혜》.

* 프리드리히 2세, 헨리 3세에게 보내는 서신.
** 이슬람 사원에서 하루 다섯 번, 크고 청아한 목소리로 기도 시간을 알리는 사람. -옮긴이

1240년, 프리드리히만큼 관용적이지는 않았던 성전기사단은 무슬림들을 하람 알-샤리프에서 내쫓는다. 예루살렘에 잠시 머무르던 시리아의 외교 담당관인 이븐 와실은 분개했다.

성벽은 사라지고, 또 유대인들과 일부 무슬림들이 빠져나간 예루살렘은 중앙아시아 평원에서 온 타타르 기병들을 막아낼 수 없었다. 이들은 1244년에 도시를 파괴했다.

* 시브트 이븐 알-자우지, 《시대의 거울》.
** 이븐 와실, 《아이유브 왕조의 역사》.

* 아랍어로는 '무카르나스' 양식.

* 아마도 분명 오펠 성전으로 이어지는 문 가운데 하나일 것이다.

* 이븐 바투타, 《여행기》, "예루살렘에 관한 묘사".

대중의 신앙생활은 이토록 강한 지탄을 받았지만, 이런 힐난은 곧 이런 기도가 광범위하게 일어났다는 증거이기도 하다.
당시 이븐 타이미야는 이런 신앙생활을 막는 데는 실패했지만 그가 남긴 글은 오늘날의 살라프주의** 사조에 가장 강력하게 영감을 불어넣는다.

* 이븐 타이미야, 《파트와 모음집》.
** 진정한 이슬람교의 모습은 '살라프'(선조라는 뜻)라고 알려진 초기 무슬림의 삶의 방식에 있다고 보는 이슬람 근본주의 사상. -옮긴이

* 펠릭스 파브리, 《성지 여행》, "순례자들을 향한 설교".

* 볼테라의 메슐람, 《이스라엘 땅 여행》.

* 아랍어로 '일, 이, 삼, 사, 오, 육'이라는 뜻.
** 이슬람 법에 따라, 모스크와 기타 자선을 목적으로 하는 공공시설을 재정적으로 유지하기 위해 기증된 토지·가옥 등의 재산. -옮긴이

CHAPTER VII

오스만 왕조의 평화

1516 ➤ 1799년

* 에블리야 첼레비, 《여행기》, 3권.

* 현재의 다마스쿠스 문.

* 우리 벤 시메온, 《총대주교 연대기》.
** 오스만제국에서 장군·총독·사령관 등 신분 높은 사람에게 주던 영예의 칭호. -옮긴이

* 다비드 르우베니, 《여행기》.

* 암논 코헨, 《오스만 시기 예루살렘의 동업조합》(2000).

* 헨리 팀버레이크, 《두 영국 순례자의 여행에 관한 진실하고도 이상한 이야기》(1603).

* 프랑수아-샤를 뒤 로젤, 《예루살렘과 그 밖의 성지 여행》(1864).

* 에블리야 첼레비, 《여행기》, 3권.

* 알-카샤시, 《모스크의 훌륭함이라는 보물》(1660).
** 사바타이의 유대인 이슬람 종파. '돈메'는 '변절자'라는 뜻이지만, 그들 스스로는 자신들을 '마민(신자들)'이라고 불렀다. -옮긴이

* 유대인들은 신의 거룩한 이름을 함부로 불러서는 안 된다는 계명 때문에 대신 '주님(Lord)'이라는 뜻의 '아도나이'라고 불렀다. -옮긴이
** 에스파냐어 인삿말. -옮긴이
*** 튀르키예어 인삿말. -옮긴이
**** 시에미아티체의 게달리아, 《예루살렘의 평화를 위한 기도》(1716).
***** 시몬 판 겔데른, 《여행기》(1766).

프랑스의 철학자이자 아카데미 회원인 콩스탕탱-프랑수아 드 볼니는 1784년에 예루살렘을 방문한다. 그가 남긴 서글픈 설명을 보면 서방과 성도 사이에 얼마나 골이 깊은지가 드러난다. 바로 그 골의 깊이만큼, 다음 세기에 성도를 재발견하려는 목마름도 커진다.

십자군 시기, 독실한 열정과 호기심은 유럽 전체를 예루살렘까지 이끌고 왔다.

하지만 불행한 결말을 맞이한 뒤로 유럽인들의 열의는 차갑게 식고, 가톨릭 순례자들의 수는 급감했다… 그 뒤로는 이탈리아나 에스파냐에서 수도사 몇몇이 찾는 정도로 줄어들었다.

동방 기독교인들도 상황이 좋지는 않았다. 계속 과거에만 집착하면서, 가톨릭 신자들이 문란해지는 모습을 보고 역정을 냈으니 말이다!

한마디로, 예루살렘을 받아들이려고 다들 애를 썼다. 오래전에 제국을 벌벌 떨게 했던 이 이름난 도시를…

지금 여기에는 음모와 부패밖에 없다. 그리스인, 아르메니아인, 콥트인, 에피오티아인, 가톨릭교도는 끊임없이 싸운다. 이 싸움을 가장 반기는 건 튀르키예인들이었다!*

* 콩스탕탱-프랑수아 드 볼니, 《시리아와 이집트 여행》(1787).

CHAPTER VIII

성도의 재발명

1799 ➤ 1897년

파리, 1799년 5월 22일.

"보나파르트 장군은 자신의 깃발 아래로 아시아와 아프리카의 모든 유대인을 초대한다는 선언문을 발표했다. 과거의 예루살렘을 재건하기 위해서"!

들어보시죠!

"이미 수많은 이들이 무장했다. 이들 부대가 알레포를 위협하고 있다"!

엥?!?

프랑스 정부 공식 기관지인 《르 모니퇴르 위니베르셀》은 1799년 6월 27일에 발행한 신문에서 한발 더 나아간 예측을 내놓는다.

"보나파르트가 오스만제국을 정복할 가능성…"

"보나파르트가 시리아를 점령한 것은 단지 유대인들에게 예루살렘을 되돌려주기 위해서만은 아니다. 보나파르트는 더 큰 그림을 그리고 있다…" 등등.

정말인가!

* 프랑수아-르네 드 샤토브리앙, 《파리에서 예루살렘까지의 여정》(1811).

* 울리히 야스퍼 제첸, 《여행기》(1854).

* 울리히 야스퍼 제첸, 《여행기》(1854).

* 네오피토스, 《팔레스타인 연대기》(1821~1841).

* 네오피토스, 《팔레스타인 연대기》(1821~1841).

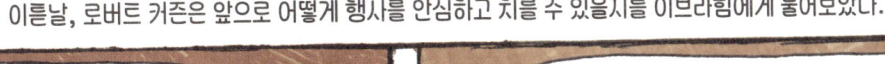
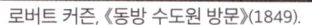

"실제로 그 뒤 몇 년 동안 이브라힘은 서방의 신도들을 지키고자 모든 노력을 다했소."

"1836년, 그는 1720년 이래로 폐허로 남아 있던 후르바 유대교 회당을 동구 출신 유대인들이 재건할 수 있도록 허락했다오."

"1837년에 지진이 일어나고 나서는 프란체스코회가 성 구세주 수도원을 복구할 수 있도록 허락했고 말이오."

"또 새롭게 만든 자문 회의인 '마즐리스 알-슈라' 안에 외국인 거주자들도 받아들였소."

특히 1838년에는 대영제국이 예루살렘에 영사관을 열도록 허가했다. 이를 선례 삼아 서방의 모든 강대국이 밀고 들어오게 되었다.

| 대영제국 1838년 | 프로이센 1842년 | 프랑스 1843년 | 피에몬테-사르데냐* 1843년 |

| 미국 1844년 | 오스트리아-헝가리 제국 1849년 | 에스파냐 1854년 | 러시아 1857년 |

* 지금의 이탈리아 북부 지방에 존재했던 국가로, 18세기 말 프랑스에 병합되었다가 1814년에 독립한 뒤 1860년에 이탈리아를 통일해 이탈리아 왕국이 되었다. -옮긴이

* 귀스타브 플로베르, 《여행 기록》.

* 허먼 멜빌, 《해협 일지》, 1856~1857.

프로테스탄트들은 성서적 상상과 당시 예루살렘 사이의 이런 괴리를 메우기 위해 노력하기 시작했다. 1867년 6월, 미국 작가 마크 트웨인은 브루클린의 복음주의 교회가 꾸린 성지 순례단을 통해 예루살렘을 방문한다. 《뉴욕타임스》에 처음 발표된 마크 트웨인의 이 이야기는 세계적인 베스트셀러가 된다.

바로 이곳 기독교 세계의 발상지에는 지구상의 모든 인종과 언어가 있다.

하지만 프로테스탄트는 아직 한 줌뿐이다…

성묘에 제실이 없는 것도 프로테스탄트뿐이었다.*

그러나 5년 뒤, 프랑스의 외교관이자 작가이며 보수적이고도 열렬한 가톨릭 신자였던 보귀에는 크나큰 전환점에 이르렀다는 걸 감지한다.

예루살렘의 새로운 요소는 바로 프로테스탄티즘이오!

영국 국교회**와 미국의 선교사들이 성경을 가득 싣고 가장 먼저 도착했고, 독일 루터교도들이 그 뒤를 이었지요.

그리고 하루하루 진전했다오!

그리스도께서 시온으로 돌아오실 것입니다!

할렐루야!

이들은 부유하고 열의가 넘쳤지만 소유권은 전혀 갖지 못했어요. 위기의식을 느낀 오래된 동방 교회와 가톨릭 교회가 순순히 내어주지 않았죠.

그래서 이들은 과학적인 조사와 분석, 중요한 고고학적 발굴을 하면서 두각을 드러냈습니다.***

* 마크 트웨인, 《마크 트웨인 여행기》(1869).
** 1534년 로마 가톨릭으로부터 분리해나간 영국 교회의 전통과 교리를 따르는 종파의 총칭. '성공회'라고도 한다. -옮긴이
*** 외젠 멜시오르 드 보귀에, 《과거의 나라로 떠나는 여행》(1876).

* 클로드 콘더, 《타임스》에 보낸 서신, 1892년 9월 24일.

* 시온의 노트르담 성당 일지, 1870년 7~9월.
** 모지스 몬티피오리, 《성지에서 보낸 40일의 여정 이야기》(1877).

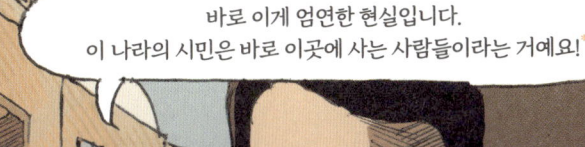

* 엘리에제르 벤 예후다, 《꿈을 누비다》(1918).

1897년 4월이었다. 영화 기법이 발명되고 2년 뒤, 뤼미에르 형제가 이끄는 모임이 성도의 역사를 담은 최초의 활동사진을 촬영하기 위해 예루살렘을 찾았다.

예루살렘-야파 역 플랫폼에 카메라를 놓아두고 도시가 움직이는 모습을 담아냈다.
서구화와 과거의 유산, 근대성과 종교적 전통 사이에서 갈팡질팡하는 모습을 말이다.

그 이미지들을 보면 영화사 이면으로 사라져간 초기의 이동 촬영 방식도 확인할 수 있다.
예루살렘이 점차 제국과 멀어지고, 국민국가의 시대로 곧장 접어드는 모습도 보인다.

CHAPTER IX

시온의 꿈
1897 ➤ 1947년

* 테오도어 헤르츨, 《시온주의자 회의 연설》(1897~1903).

* 테오도어 헤르츨, 《일기》, 1898년 11월 2일.
** 테오도어 헤르츨, 《일기》, 1898년 11월 2일.

* 시온주의 중앙 아카이브(CZA), 문서 H-197.

* 알베르 안테비, 《서신》, 1899년 12월~1900년 1월.

이 당시의 모습은 오스만제국의 인구 조사 담당 공무원들이 가장 잘 기록해두었다. 1905년 예루살렘에는 거주자가 6만 명 정도였다. 그 가운데 유대인은 절반이 조금 넘는 정도였고, 4분의 1은 무슬림, 4분의 1은 기독교인이었다.

주민 3만 명은 성벽 바깥에 있는 교외 지역에 살았고, 3만 명은 성벽 안쪽에 살았다. 구도심 안에 있는 대부분의 지구에는 여러 사람들이 섞여 살았다.

다마스쿠스 문 동쪽에 있는 사디야 지구는 세대주 161명이 무슬림이었고, 124명이 기독교인이었다.

도심 한가운데에 있는 알-와드 지구에는 유대인 가구가 388곳, 무슬림 가구가 383곳이었다.

지금의 유대인 지구에 해당하는 실실라 지구는 유대인 가구가 711곳, 무슬림 가구가 548곳이었다.

헤롯 문
다마스쿠스 문
사디야
바브-후타
사자 문
바브 알-아무드
새 문
성묘
나사라
알-와드
바위 돔
알-아크사 모스크
야파 문
요새
샤라프
실실라
통곡의 벽
시온 문
마그레브 문

신도시에 있는 중산층 지구 역시 여러 신도들이 뒤섞여 살았다. 기차역 주변에 형성된 랄비에와 바카의 인구 조사에서는 전체 가구의 45퍼센트가 기독교인, 30퍼센트가 유대인, 25퍼센트가 무슬림이라고 얘기한다.*

결국 분리보다는 뒤섞임이 강했다. 종교 공동체가 양극으로 갈라진다고 해도 아직 거주지나 시민 정체성이 분리된 것은 아니었다.

* 오스만 인구조사, 1905년.

모든 종교 집단이 한 자리씩을 차지하고 있던 예루살렘 시는 도시 정비와 미화 작업을 벌였다. 성도는 더욱 근대적이고 개방적인 도시로 변모했다.

1900년, 야파 문에 거대한 공공 급수장을 세웠다. 주민과 방문객들은 여기서 물을 마실 수 있었다.

1907년 9월 1일, 야파 문의 시계탑에서 성대한 개막식을 열었다. 여러 단체에서 시에 기부한 자금으로 세운 이 시계탑은 높이가 25미터였다(바위 돔과 똑같은 높이라오). 그리고 사면에서 빛나는 문자반은 베들레헴에서도 보일 정도였다!

1904년에는 시립 극장이 문을 열었고, 1906년에는 주요 도로에 가로등을 설치했다. 밤의 생활이 활기를 띠었다!

1910년, 시에서는 전차 노선 4개를 건설할 계획을 세운다. 하지만 1914년에 세계대전이 일어나며 계획이 중단된다. 그리고 예루살렘의 첫 전차 노선은… 2011년이 되어서야 운행을 시작했다!

성도 역사상 처음으로 주민들은 공통적인 시간을 확인할 수 있었다. 서로 다른 종교적 전통에 따른 기도 시간으로 유추한 시간이 아니라 말이다.

물론 틈이 완전히 메워진 건 아니었다. 하지만 오늘날처럼 뚜렷한 경계선을 이루며 대립하지는 않았다. 가톨릭 잡지 《예루살렘》에서도 그렇게 얘기하고 있다.

오늘 아침, 유대인 청년들 한 무리가 깃발을 앞세우고 모스크 광장을 행진했습니다.

이슬람교 사제는 이들을 열렬히 맞이하며 다과를 대접합니다!

살람!

샬롬!

바로 그날 저녁, 이들은 대담하게도 성묘 앞 광장에 모습을 드러냈죠.

하지만 이번만큼은 그리스인, 아르메니아인, 라틴인들이 뜻을 모아 거칠게 가로막습니다!

신을 죽인 죄!

당신들 머리에 떨어지는 게 바로 그리스도의 피다!*

격앙된 기류는 모든 지역으로 퍼져나갔다.
1909년, 지역 언론은 수력 공사에 필요한 자금을 위해 푸줏간에 새로 세금을 부과하는 일을 둘러싼 열띤 논의를 보도했다.

빈곤층에게 식수를 제공할 수 있도록 고기 먹는 사람들에게 세금을 물립시다!

그래요, 이런 세금은 베이루트에도 이미 있으니까요! 여기 예루살렘에서는 1년에 5천 리라를 거둬들일 수 있을 겁니다!

'고기를 먹는 부자' 대 '물을 마시는 가난한 사람들'이라는 구도였다.
종교 집단을 막론하고 이런 사회적 구분이 대두되었다. 이번만큼은 종교에 따라 나뉘지 않았다.

* 《예루살렘》, 1908년 10월.

* 아랍어 신문 《팔라스틴》, 1911년 5월 18일.

---

* 버사 스패포드 베스터, 《우리의 예루살렘, 성도의 미국 가족 이야기》(1950).

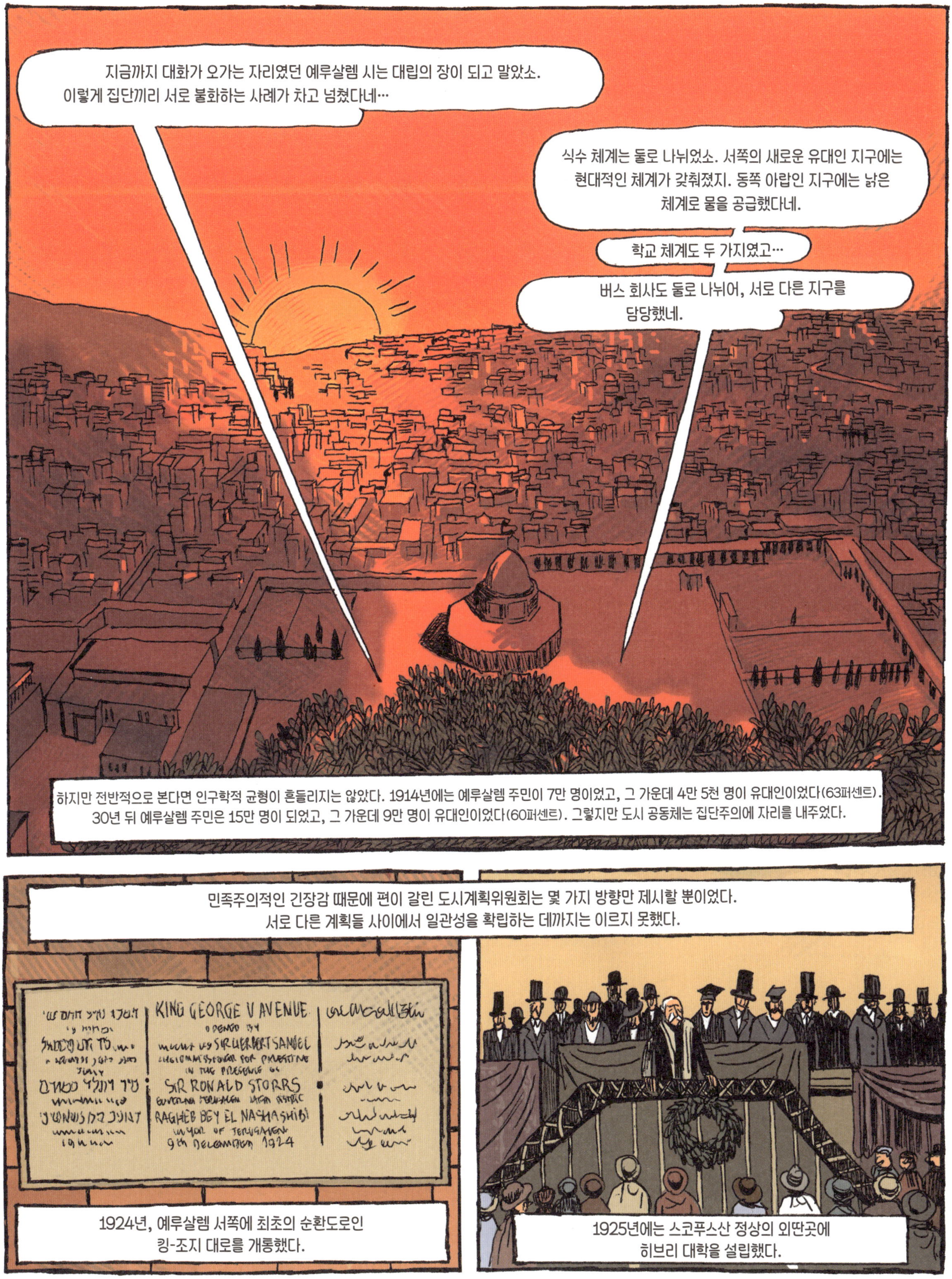

* 살림 타마리, 이삼 나사르, 《와시프 자와리예, 예루살렘의 스토리텔러》(2013)에서 인용.

* 1930~1940년대에 유행했던 가창 스타일. -옮긴이
** 예루살렘 주재 프랑스 영사관 기록보관소.

CHAPTER X

불가능한 수도
1947년 ➤

* UNSCOP 보고서, 1947년 9월.

* 아모스 오즈, 《사랑과 어둠의 이야기》(2002).

* 할라 사카키니, 《예루살렘과 나, 사적인 기록》(1990).

* 아랍어로 "승리가 아니면 순교뿐이다!"라는 뜻.
** 살림 타마리, 이삼 나사르, 《와시프 자와리예, 예루살렘의 스토리텔러》(2013)에서 인용.

* 예루살렘 주재 프랑스 영사관 기록보관소.

* 나세르 에딘 나샤시비, 《예루살렘의 다른 목소리》(1990).
** 아랍 지역과 이스라엘 지역을 구분하는 선. -옮긴이

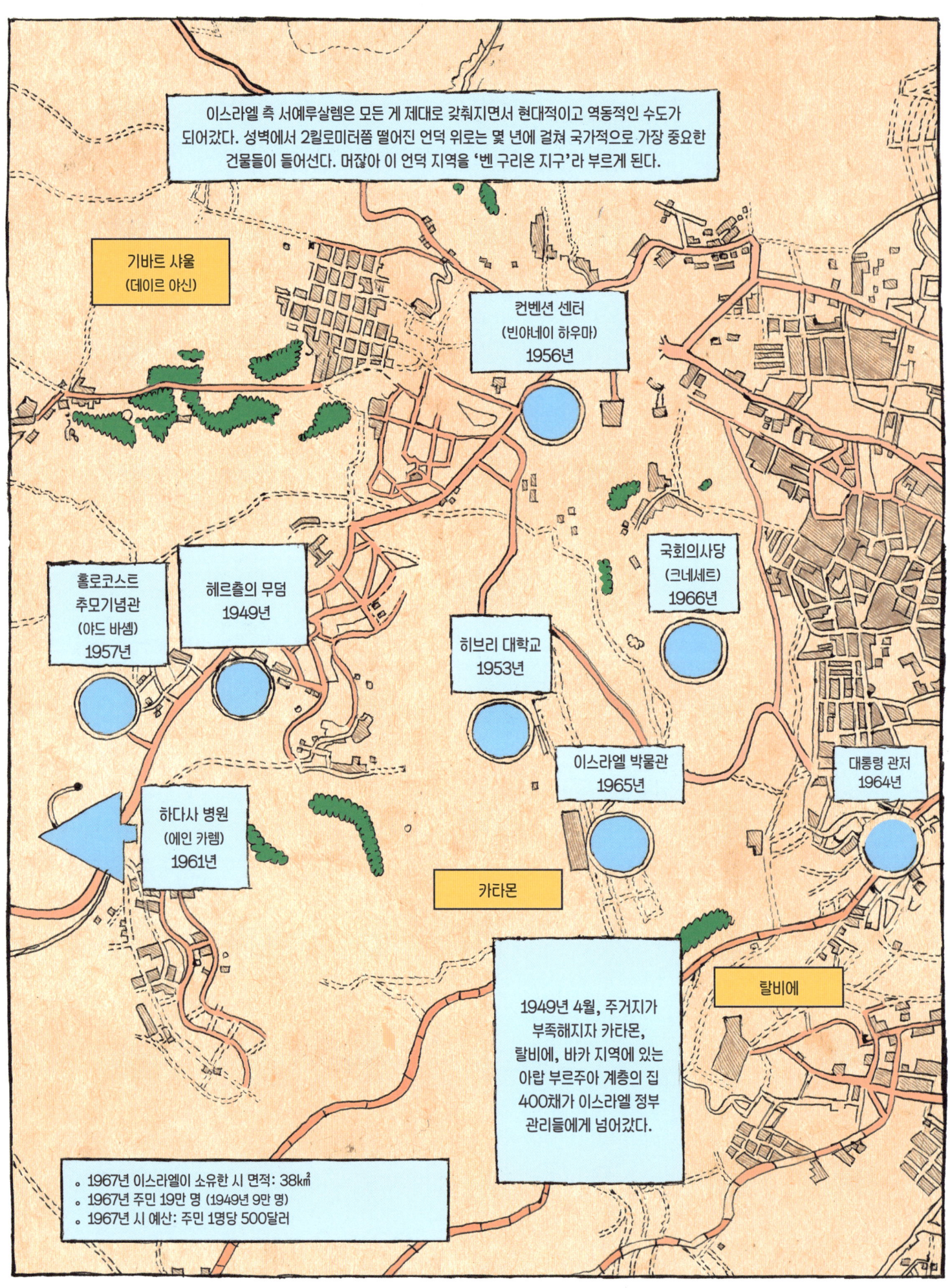

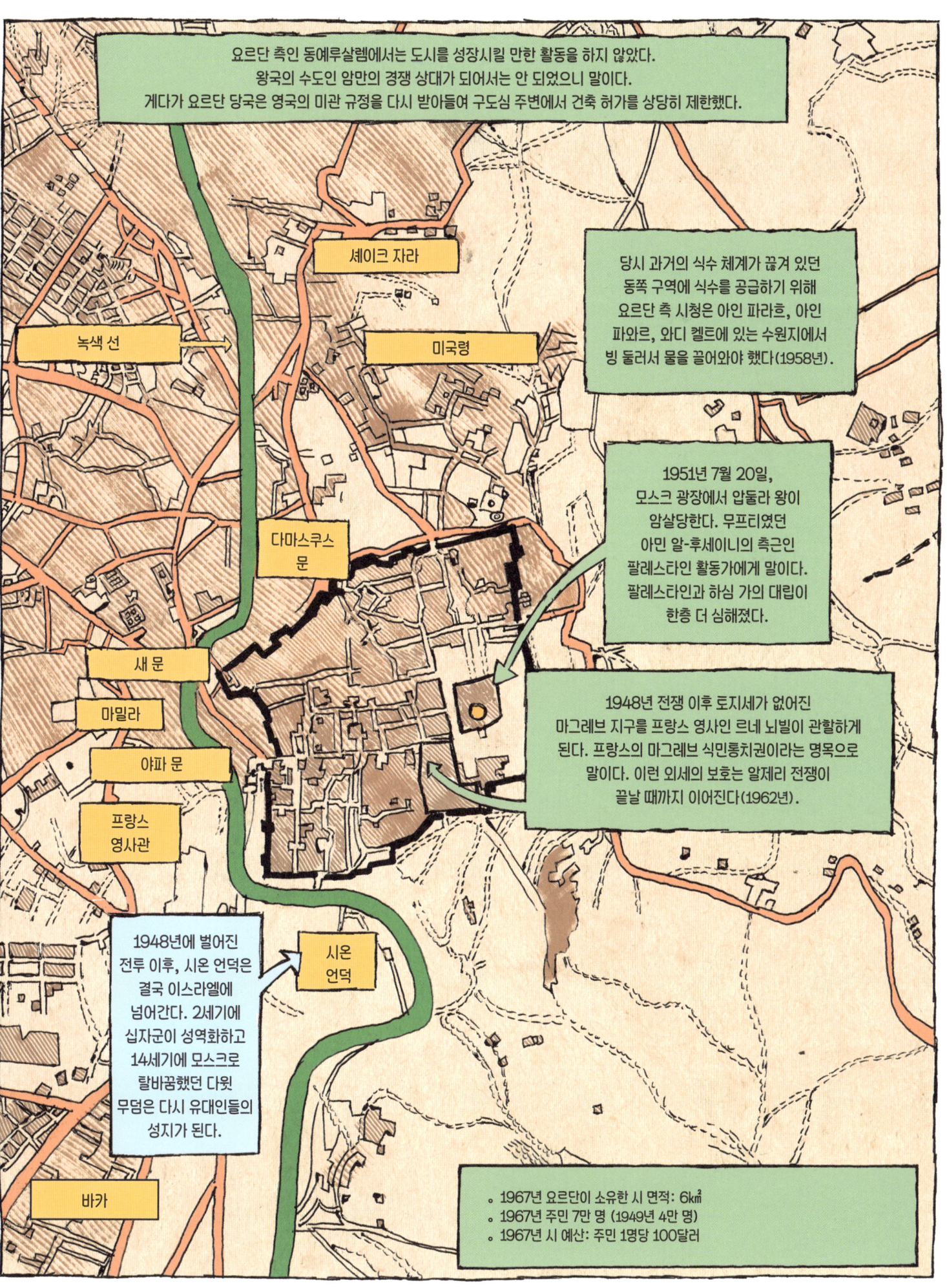

* 사리 누세이베, 《한때는 한 나라였다, 팔레스타인의 삶》(2007).

* 메리 클로슨, 《예루살렘에서 보낸 편지》(1957).

* 헨리 켄들, 《예루살렘 요르단 기획 제안서》(1965).

* 《예루살렘 스타》, 1966년 12월 28일.
** 테디 콜렉, 《예루살렘을 위해》(1978).

* 아랍어로 '봉기'라는 뜻으로, 팔레스타인인들의 반이스라엘 저항운동을 통칭하는 말. -옮긴이
** 메론 벤베니스티, 《사이프러스의 아들들》(2007).

1993년, 오슬로 협정*에 뒤이어 파이살 후세이니는 팔레스타인 해방기구(PLO) 공식 대변실을 동예루살렘에 열었다.

"오리엔트 하우스에 오신 걸 환영합니다!"

2000년 7월, 마치 1229년에 아이유브 왕조가 십자군에게 했던 것처럼, 파이살 후세이니는 예루살렘을 분할하는 일을 이스라엘과 논의한다. 모스크 광장과 아랍 지구는 팔레스타인이 관할하고, 나머지는 이스라엘이 관할하자고 말이다. 하지만 결론은 나지 않았다.

2000년 9월, 이스라엘 국무총리 아리엘 샤론이 모스크 광장을 방문한 뒤 두 번째 인티파다가 일어난다. 5년 동안 팔레스타인인 3천 명과 이스라엘인 1천 명의 목숨을 앗아갔다.

2001년 5월, 파이살 후세이니는 하람 알-샤리프에 묻혔다. 아버지인 압드 알-카디르(1948년 사망)와 할아버지인 무사 카짐(1934년 사망) 곁이었다. 3년 뒤, 아리엘 샤론의 명에 따라 오리엔트 하우스는 문을 닫는다.

2017년 12월, 미국 대통령 도널드 트럼프는 예루살렘을 이스라엘의 수도로 인정한다. 17세기 천년왕국설을 믿는 프로테스탄트들을 계승한 복음주의자들의 지지를 받아서 말이다.

2021년 5월, 이슬람 광장에서 유대인들과 무슬림들이 충돌하자 이스라엘과 하마스** 사이에 전쟁이 벌어졌다. 한편 제3성전을 짓기 위한 활동을 벌이던 랍비 엘바움은 광장을 찾는 유대인 방문객들이 기하급수적으로 늘어난 일을 반겼다.

"자, 보세요. 몇 년 전에는 이곳을 방문한 유대인이 한 해에 2천 명인 적도 있었단 말이죠. 이제는 5만 명이 넘어요!"

"머잖아 신의 뜻에 따라, 신전을 재건할 겁니다!"

* 미국 클린턴 대통령의 중재로 이뤄진, 이스라엘과 팔레스타인 해방기구 간의 협정. 팔레스타인 자치에 대한 원칙적인 합의가 담겼다. -옮긴이
** 이집트 무슬림형제단의 한 분파로, 1987년 이슬람 극단주의자들이 창설한 저항운동 조직. -옮긴이

미리 경고했지만, 이 정치적이고 종교적인 상처의 연대기는 제법 침울하오.

하지만 오늘날 동예루살렘과 서예루살렘의 감정의 골이 깊은 까닭을 설명하려면 이 사건들로는 부족하오. 그리고 이스라엘에게는 모순적인 수도가 된 까닭을 설명하는 것도 불가능할 정도라오.

그 깊이를 가늠하려면 현재 거주자들의 구체적인 생활 조건을 살펴봐야 한다오.

오늘날 예루살렘 주민은 95만 명이다. 헤롯 왕 시절보다 열두 배 많고, 1967년보다는 네 배가 많다.

인구의 40퍼센트는 팔레스타인 사람이다. 반면 1967년에는 25퍼센트였다. '6일 전쟁' 이후, 팔레스타인인은 이스라엘인보다 훨씬 더 빠르게 늘어났다. 하지만 이스라엘인은 이곳이 자신들의 수도라 주장한다.

역사적인 구도심 한가운데서는 이런 모순적인 인구 구성이 더 극명히 드러난다. 주민 3만 5천 명 가운데 이스라엘인은 불과 3,500명이다.

40퍼센트를 차지하는 팔레스타인 사람들에게 돌아가는 시 예산은 10퍼센트 미만이다. 그러니 시에서 제공하는 서비스에서 상당히 배제되어 있다.

동예루살렘은 건축 허가가 거의 나지 않는다. 그래서 주거 지역이 과밀해지고(서예루살렘보다 세 배 높은 인구밀도) 건물을 부수는 일이 많다.*

콰앙! 쿠르르르르릉!

현실적으로 예루살렘은 '나눌 수 없는 하나의 도시'라는 이상과는 점점 멀어지고 있다.

* 예루살렘 정책 연구 기구(이스라엘), 2022년 보고서.

연대표

I. 태초에 성전이 있었나니 (기원전 2000년 ➤ 기원전 586년)
기원전 1900년 기혼 샘을 비롯해 도시를 보강함.
기원전 1800년 이집트의 작은 동상에 '루샬리뭄'이라는 지명이 등장함.
기원전 1400년 이집트 파라오의 지배 아래 압디-헤바가 예루살렘을 통치함.
기원전 1000년 성경 연대학에 따른 다윗과 솔로몬의 통치 시기. '성전산'에 성소를 건설함.
기원전 750년 도시가 성장하며 히즈키야 터널을 건설함.
기원전 701년 아시리아 왕 센나케리브의 공격이 실패함.
기원전 586년 네부카드네자르가 예루살렘을 점령하고 성전을 파괴함.

II. 제국의 그늘 아래 (기원전 586년 ➤ 기원후 312년)
기원전 539년 페르시아 황제 키루스 2세가 성전 재건을 명령함.
기원전 332년 (전설에 따르면) 알렉산드로스 대왕이 방문함.
기원전 198년 셀레우코스의 안티오코스 3세가 예루살렘을 점령함.
기원전 164년 유다 마카베오가 성전을 정화함.
기원전 100년 하스모니아 왕조의 전성기. 아리스타이오스의 방문.
기원전 63년 그나이우스 폼페이우스 마그누스의 점령으로 로마가 예루살렘을 통제하게 됨.
기원전 37년 헤롯 대제가 예루살렘을 점령하고 대공사에 착수함.
26년 유대의 총독, 폰티우스 필라투스. 나사렛 예수의 포교.
70년 티투스가 예루살렘을 정복하고 성전을 파괴함.
129년 하드리아누스 황제가 예루살렘이 있던 자리에 아일리아 카피톨리나를 세움.
201년 셉티미우스 세베루스가 아일리아 카피톨리나를 방문함.

III. 기독교 예루살렘의 탄생 (312 ➤ 614년)
312년 로마 콘스탄티누스 황제가 기독교로 개종함.
325년 콘스탄티누스 황제의 어머니 헬레나가 성묘를 확인하고자 예루살렘을 방문함.
333년 '보르도의 순례자'가 순례를 옴.
362년 배교자 율리아누스 황제가 유대 성전의 재건을 제안함.
381년 니사의 그레고리우스 주교가 성지 순례를 비판함.
443년 비잔티움의 황후 에우도키아가 예루살렘으로 망명함.
451년 칼케돈 공의회. 예루살렘이 총대주교 교구가 됨.
543년 네아 에클레시아('새 교회') 낙성식.
570년 '플레장스의 순례자'가 순례를 옴.

IV. 알-쿠드스, 이슬람의 성도 (614 ➤ 1095년)
614년 페르시아가 예루살렘을 정복함.
630년 비잔티움의 헤라클리우스 황제가 '성 십자가'를 다시 예루살렘으로 가져옴.
635~638년 이슬람 무리가 예루살렘을 점령함.
680년 프랑크의 아르쿨프 주교의 성지 순례.
692년 우마이야 왕조의 칼리프 압드 알-말리크가 바위 돔 낙성식을 거행함.
870년 페르시아의 역사가 알-타바리가 알-아크사의 위치를 예루살렘으로 공식적으로 확정함.
990년 아랍 지리학자 알-마크디시가 예루살렘에 관한 기록을 남김.
1009년 칼리프 알-하킴이 성묘를 파괴하도록 명령함.
1047년 페르시아의 나시르 호스로가 성묘가 재건되었다고 기록함.
1073년 셀주크 튀르크가 예루살렘을 통치하게 됨.

V. 십자군의 세기 (1095 ➤ 1187년)
1095년 교황 우르바누스 2세가 십자군을 소집함.
1099년 십자군이 예루살렘을 점령함.
1104년 십자군의 왕 보두앵 1세가 알-아크사 모스크를 관저로 삼음.
1115년 연대기 작가, 샤르트르의 풀크가 예루살렘에 다시 인구가 늘어났다고 기록함.
1130년 성모 마리아의 무덤 위에 예수승천교회를 건설함.
1152년 멜리장드 여왕이 포장 도로를 건설함.
1160년 시리아인 우사마 이븐 문키드가 예루살렘에 체류함.
1165년 랍비 투델라의 베냐민이 예루살렘을 방문함.
1173년 이슬람 순례자 알-하라위가 방문함.
1185년 '나병왕' 보두앵 4세가 사망함.

VI. 살라딘의 유산, 맘루크의 발자취 (1187 ➤ 1516년)

1187년 당시 이집트의 통치자였던 살라딘이 예루살렘을 점령함.
1192년 마이모니데스에게 힘을 얻은 아슈켈론의 유대인들이 예루살렘에 자리를 잡음.
1193년 살라딘의 아들 알-아프달 알리가 마그레브 지구를 세움.
1229년 야파 조약으로 예루살렘이 나뉨. 신성로마제국의 가톨릭 황제 프리드리히 2세가 즉위함.
1261년 맘루크 왕조가 예루살렘을 통치하게 됨.
1267년 람반이 시온산에 유대교 회당을 건설함.
1317년 맘루크의 술탄 나시르 무함마드가 다마스쿠스의 지도자 탄키즈와 함께 대공사에 착수함.
1326년 모로코의 지리학자 이븐 바투타가 예루살렘을 방문함.
1335년 성 프란체스코회에서 시온산에 수도원을 세움.
1481년 이탈리아의 유대인 상인, 볼테라의 메슐람이 성지 순례를 옴.
1496년 무지르 알-딘이 《예루살렘의 역사》를 집필함.

VII. 오스만 왕조의 평화 (1516 ➤ 1799년)

1516년 술탄 셀림 1세가 예루살렘을 손에 넣음.
1523년 미스터리한 유대인 다비드 르우베니가 성지 순례를 옴.
1537년 술레이만이 성벽, 수로, 바위 돔을 복원함.
1568년 예루살렘 거주자들에게 세금을 면제해주기로 확정함.
1601년 프로테스탄트인 헨리 팀버레이크와 존 샌더슨이 성지 순례를 옴.
1644년 노르망디의 귀족 프랑수아-샤를 뒤 로젤이 성지 순례를 옴.
1650년 이스탄불의 모험가 에블리야 첼레비가 예루살렘을 기록함.
1663년 유대교 신비학자 사바타이 제비가 자신이 구세주라고 주장함.
1767년 그리스인들이 성묘를 감독할 권리를 획득함. (현상태statu quo)
1784년 프랑스 철학자 콩스탕탱-프랑수아 드 볼니가 예루살렘을 여행함.

VIII. 성도의 재발명 (1799 ➤ 1897년)

1799년 이집트 원정, 보나파르트의 야파 방문.
1806년 프랑수아-르네 드 샤토브리앙이 예루살렘을 방문함.
1836년 이집트 부왕 이브라힘 파샤가 후르바 유대교 회당 재건을 허락함.
1838년 대영제국이 예루살렘 최초의 유럽 영사관을 세움.
1848~1850년 니콜라이 고골과 귀스타브 플로베르가 여행을 옴.
1863년 예루살렘 최초의 시청이 세워짐.
1876년 예루살렘 시장 유수프 알-칼리디가 오스만 의회 대표로 선출됨.
1889년 성벽 북서쪽에 새 문(바브 엘-제디드)을 엶.
1892년 철도역을 개설함.

IX. 시온의 꿈 (1897 ➤ 1947년)

1897년 바젤에서 제1회 시온주의자 회의가 열림.
1899년 유수프 알-칼리디와 테오도어 헤르츨이 서신을 주고받으며 대화를 나눔.
1907년 야파 문에 시계탑을 세움.
1908년 청년튀르크당의 혁명을 기념함.
1917년 영국의 앨런비 장군이 예루살렘을 점령함.
1920년 나비 무사 폭동. 무사 카짐 알-후세이니 시장의 해임.
1929년 서쪽 벽에서 일어난 폭동이 팔레스타인 전역으로 확산함. (사망자 250명)
1929~1933년 팰리스 호텔, 킹 다윗 호텔, YMCA가 세워짐.
1942년 예루살렘 랍비들이 홀로코스트 희생자들을 위해 기도를 올림.
1946년 시온주의 무장단체 이르군이 킹 다윗 호텔 테러를 조직함. (사망자 91명)

X. 불가능한 수도 (1947년 ➤)

1947년 팔레스타인 분할과 예루살렘 분할체 사안을 놓고 유엔 투표가 열림.
1948년 이스라엘의 독립과 예루살렘의 분리를 선언함.
1951년 요르단 왕 압둘라 1세가 동예루살렘에서 암살당함.
1953년 기바트 람 언덕에 히브리 대학이 설립됨.
1963년 안와르 누세이베가 동예루살렘 총독으로 임명됨.
1965년 테디 콜렉이 서예루살렘 시장으로 선출됨.
1967년 이스라엘이 동예루살렘을 점령함. 마그레브 지구가 파괴됨.
1969년 기독교 근본주의자가 알-아크사 모스크에 불을 지름.
1980년 이스라엘이 서예루살렘과 동예루살렘은 '분리할 수 없는' 수도라고 주장함.
1993년 오슬로 협정에 서명함. 파이살 후세이니가 오리엔트 하우스를 엶.
2011년 예루살렘 최초의 전차가 운행을 시작함.

자료와 참고문헌

자료 모음

Mahdi Abdul-Hadi (dir.), **Documents on Jerusalem**, 4 vol., PASSIA, 2007.
Nathan Adler Elkan, **Jewish Travellers**, Routledge, 1930.
Yehoshua Ben-Arieh, **Jerusalem in the 19th Century**, 2 vol., Yad Ben-Zvi Press, 1984-1986.
Denis Charbit, **Sionismes. Textes fondamentaux**, Albin Michel, 1998.
Uriel Heyd, **Ottoman Documents on Palestine**, Oxford Clarendon Press, 1960.
Amin Maalouf, **Les Croisades vues par les Arabes**, Jean-Claude Lattès, 1983.
Pierre Maraval, **Récits des premiers pèlerins chrétiens au Proche-Orient**, Éditions du Cerf, 2002.
Abdelwahab Meddeb (dir.), **Multiple Jérusalem**, Maisonneuve & Larose, 1996.
Francis E. Peters, **Jerusalem in the Eyes of Chroniclers, Visitors, Pilgrims and Prophets**, Princeton University Press, 1985.
Alfred-Louis de Premare, **Les Fondations de l'Islam, entre écriture et histoire**, Le Seuil, 2002.
Tilla Rudel (dir.), **Jérusalem. Histoire, promenades, anthologie et dictionnaire**, Robert Laffont, 2018.

온라인 자료

고전, 라틴, 그리스, 고대, 중세 자료: **http://remacle.org/**
십자군에 관한 역사학자들의 모음집: **https://gallica.bnf.fr/**
이스라엘 국립 도서관 사이트에 나와 있는 고대 예루살렘과 현대 예루살렘의 수많은 지도들: **https://www.nli.org.il/en/discover/maps/jerusalem**
1840~1940년의 예루살렘에 관한 글 모음: Ordinary Jerusalem 1840~1940. Opening New Archives, Revisiting a Global City, Brill, 2018: **https://brill.com/view/title/36309**
디지털 아카이브와 출처 가이드: **www.openjerusalem.org**
팔레스타인연구협회에서 온라인으로 발간한 《계간 예루살렘》 1호~90호는 이곳에서 확인할 수 있다: **https://www.palestine-studies.org/en/journals/jq/issues**

인용 작품

Éliézer ben Yehuda, **Le Rêve traversé**, Édition du scribe, 1988 [1918].
Meron Benvenisti, **Sons of the Cypresses**, University of California Press, 2007.
Amnon Cohen, **The Guilds of Ottoman Jerusalem**, Brill, 2001.
Maurice Halbwachs, **La Topographie légendaire des Évangiles en Terre sainte**, PUF, 1941.
Salim Tamari et Issam Nassar, **Wasif Jawhariyyeh, The Storyteller of Jerusalem, 1904-1948**, Olive Branch Press, 2013.
Teddy Kollek et Amos Kollek, **For Jerusalem. A Life**, Random House, 1978.
Eilat Mazar, **The Temple Mount Excavations in Jerusalem**, 5 vol., 1987-2017.
Sari Nusseibeh, **Il était un pays. Une vie en Palestine**, Jean-Claude Lattès, 2008.
Amos Oz, **Une histoire d'amour et de ténèbres**, Gallimard, 2005.
Yvon Thébert, "À propos du triomphe du christianisme", **Dialogues d'histoire ancienne**, 1988.

모음집

Kamil J. Asali (dir.), **Jerusalem in History**, Olive Branch Press, 1990.
Sylvia Auld et Robert Hillenbrand (dir.), **Ottoman Jerusalem. The Living City, 1517-1917**, Altajir Trust, 2000.
Sylvia Auld et Robert Hillenbrand (dir.), **Ayyubid Jerusalem. The Holy City in Context, 1187-1250**, Altajir Trust, 2009.
Dan Bahat, **The Illustrated Atlas of Jerusalem**, Carta Israel Map, 1996.
Yehoshua Ben-Arieh, **Jérusalem au 19e siècle. Géographie d'une renaissance**, Éditions de l'éclat, 2003.
Sylvaine Bulle, **Sociologie de Jérusalem,** La Découverte, 2020.
Michael H. Burgoyne (dir.), **Mamluk Jerusalem. An Architectural Study**, British School of Archaeology, 1987.
André Chouraqui, **Jérusalem. Une ville sanctuaire**, Éditions du Rocher, 1996.

Alain Dieckhoff, **Les Espaces d'Israël**, Presses de Sciences Po, 1989.
Amos Elon, **Jerusalem. City of Mirrors**, Weidenfeld and Nicolson, 1990.
Frédéric Encel, **Géopolitique de Jérusalem**, Flammarion, 1998.
Israel Finkelstein et Neil Asher Silberman, **La Bible dévoilée : les nouvelles révélations de l'archéologie**, Bayard, 2002.
Ruth Kark et Michal Oren-Nordheim, **Jerusalem and its Environs. Quarters, neighborhoods, villages. 1800-1948**, Hebrew University Magnes Press, 2001.
Vincent Lemire (dir.), **Jérusalem, histoire d'une ville-monde des origines à nos jours**, Flammarion, 2016.
Vincent Lemire, **Jérusalem 1900. La Ville sainte à l'âge des possibles**, Armand Colin, 2013, rééd. Points Seuil, 2016.
Farouk Mardam-Bey et Élias Sanbar, **Jérusalem, le sacré et le politique**, Actes Sud, 2000.
Simon Sebag Montefiore, **Jérusalem. Biographie**, Calmann-Lévy, 2011. (*한국어판: 사이먼 시백 몬티피오리, 《예루살렘 전기》, 유달승 옮김, 시공사, 2012.)
Catherine Nicault, **Une histoire de Jérusalem (1850-1967)**, CNRS Éditions, 2008.

더 찾아보기

Félix-Marie Abel et Louis-Hugues Vincent, **Jérusalem. Recherches de topographie, d'archéologie et d'histoire**, 4 vol., Éditions J. Gabalda, 1912-1926.
Aref al-Aref, **Tarikh al-Quds** [Histoire de Jérusalem], Le Caire, 1951.
Meron Benvenisti, **Jérusalem. Une histoire politique**, Actes Sud, 1996.
Adrian J. Boas, **Jerusalem in the Time of the Crusades**, Routledge, 2001.
Johann Büssow, **Hamidian Palestine. Politics and Society in the District of Jerusalem 1872-1908**, Brill, 2011.
Michelle U. Campos, **Ottoman Brothers. Muslims, Christians and Jews in Early Twentieth-Century Palestine**, Stanford University Press, 2011.
Amnon Cohen, **Juifs et musulmans en Palestine et en Israël, des origines à nos jours**, Tallandier, 2016.
Michael Dumper, **The Politics of Jerusalem Since 1967**, Columbia University Press, 1997.
Amikam Elad, **Medieval Jerusalem and Islamic Worship**, Brill, 1995.
Oleg Grabar et Benjamin Kedar (dir.), **Where Heaven and Earth Meet: Jerusalem's Sacred Esplanade**, Yad Ben-Zvi Press, 2010.
Joseph Gutmann (dir.), **The Temple of Solomon. Archaeological Fact and Medieval Tradition in Christian, Islamic and Jewish Art**, Scholar Press, 1976.
Abigail Jacobson, **From Empire to Empire. Jerusalem between Ottoman and British Rule**, Syracuse University Press, 2011.
Rashid Khalidi, **L'Identité palestinienne. La construction d'une conscience nationale moderne**, La Fabrique, 2003.
Menachem Klein, **Lives in Common : Arabs and Jews in Jerusalem, Jaffa and Hebron**, Hurst & Company, 2014.
Henry Laurens, **La Question de Palestine**, 5 vol., Fayard, 1999-2015.
Vincent Lemire, **Au pied du mur. Vie et mort du quartier maghrébin de Jérusalem (1187-1967)**, Le Seuil, 2022.
Vincent Lemire, **La Soif de Jérusalem. Essai d'hydrohistoire**, Publications de la Sorbonne, 2010.
Philip Mattar (dir.), **Encyclopedia of the Palestinians**, Facts on File, 2000.
Roberto Mazza, **Jerusalem. From the Ottomans to the British**, Tauris Academic Studies, 2009.
Ehud Netzer, **The Architecture of Herod, the Great Builder**, Mohr Siebeck Ed., 2006.
Joshua Prawer, **The History of the Jews in the Latin Kingdom of Jerusalem**, Clarendon Press, 1988.
Maria Chiara Rioli, **A Liminal Church. Refugees, Conversions and the Latin Diocese of Jerusalem, 1946-1956**, Brill, 2020.
Irène Salenson, **Jérusalem. Bâtir deux villes en une**, Éditions de l'Aube, 2014.
Elias Sanbar (dir.), **Jérusalem et la Palestine. Photographies de l'École biblique de Jérusalem**, Hazan, 2013.
Tom Segev, **1967. Six jours qui ont changé le monde**, Hachette, 2007.
Amy Singer, **Constructing Ottoman Beneficence. An Imperial Soup Kitchen in Jerusalem**, State University of New York Press, 2002.
Salim Tamari, **Jerusalem 1948. The Arab Neighbourhoods and their Fate in the War**, Institute for Jerusalem Studies, 1999.
Yair Wallach, **A City in Fragments. Urban Text in Modern Jerusalem**, Stanford University Press, 2020.

감사의 말

뱅상 르미르는 조금은 정신 나간 이 프로젝트를 응원해준 모두에게 감사를 보냅니다. 이 프로젝트는 로랑 뮐레의 제안으로 6년쯤(!) 전에 시작했고, 엘렌 드 비리외 덕분에 세상의 빛을 볼 수 있었으며, 아렌(Les Arènes) 출판사에 모인 수많은 유능한 사람들—루이 클레밍, 이자벨 파칼레, 파브리스 에몽, 이방 자케, 파스칼 베나르—덕택에, 그리고 이 특출난 팀원들의 냉정함 덕분에 결국 세상에 나올 수 있었습니다. 이 《예루살렘의 역사》는 여느 그래픽노블과 마찬가지로 공동 작업물입니다.

크리스토프 고티에는 비범한 작화 동료이자 공저자였습니다. 그는 예루살렘의 고유한 분위기를 포착할 줄 알았으며, 우리의 올리브 나무에게도 자연스러운 대사를 입혀주었습니다. 크리스토프 고티에 덕분에 올리브 나무는 거의 친구나 다름없는 존재가 되었습니다. 마리-오딜 갈로팽은 보기 드문 힘을 발휘해 수천 년을 이어진 역사에 훌륭한 색과 빛을 입혔습니다. 두 사람 모두 수없이 손질하고 수정하는 과정에서 엄청난 너그러움을 베풀어주었습니다.

이 프로젝트를 하며 수많은 사람들을 만났습니다. 사려 깊은 조언을 해준 쥘에게 감사합니다. 지난 3년 동안 시나리오, 스토리보드, 대사를 작성하는 일을 함께해준 예루살렘 국립프랑스연구센터(www.crfj.org)의 동료들과 친구들에게 감사합니다. 제가 성도를 더 잘 이해할 수 있게 도와준 카텔 베르틀로, 쥘리앙 루아조, 얀 포탱에게 감사합니다. 경계를 나누지 않고 역사의 구석구석을 열어 보여준 프로젝트 팀 www.openjerusalem.org에게 감사합니다. 지금 여기 현실에 굳건히 닻을 내리고 있는 이스라엘과 팔레스타인 동료들에게 감사합니다.

첫 페이지부터 마지막 페이지까지 이 프로젝트에 동행해준 쥘리 시보니에게 감사합니다. 매번 교정을 봐줄 때마다 빛을 발하고, 엄정하면서도 무엇과도 비교할 수 없는 결과물을 만들어주었습니다.

이 이야기를 예루살렘을 오랫동안 사랑하고 또 누비는 마리우스, 아델, 라울, 클로에에게 바칩니다.